AF221164

Grübeln stoppen und negative Gedanken loswerden

Wie Sie das Gedankenkarussel anhalten, innere Ruhe finden und mehr Lebensqualität genießen

Maria Leuschner

INHALT

Das erwartet Sie in diesem Buch

Menschen, die zu sehr Ihre Zeit damit verbringen, die Handlungen anderer bis ins tiefste Detail zu analysieren und sich den Kopf darüber zu zerbrechen, sei mit diesem Ratgeber geholfen. In diesem Ratgeber erwarten Sie viele hilfreiche Informationen rund um das Thema „Grübeln".

Grübeln an sich ist erst einmal kein so spektakuläres oder negativ klingendes Wort. Jedoch kann das Grübeln das Leben zahlreicher Menschen derart erschweren, indem es den Verstand und die

Gefühle desjenigen, der diesem Leid zum Opfer gefallen ist, erbarmungslos einnimmt. Es ist ziemlich menschlich, dass wir hin und wieder einmal grübeln. Da sind die Familie, die Verwandtschaft, die Kollegen, die Nachbarn und einfach zu weite Aussichten in die Zukunft, die mit Sorgen begleitet werden. Wenn sich dies in einem gesunden Maße hält, ist es völlig akzeptabel, denn wir können Gefühle und Gedanken per Knopfdruck nicht einfach so ausschalten.

Allerdings wird es schon gefährlicher, wenn sich dies in einen Dauerzustand transformiert, wo derjenige beispielsweise monatelang nur noch damit beschäftigt ist, wieso Herr Kollege XY ihn nicht gegrüßt hat, oder die Mutter sich zu sehr über den Kommentar eines Passanten, sie könne ihre Kinder nicht richtig erziehen, wochen- und monatelang aufregt und den Selbstzweifeln verfällt. Dass Menschen exzessiv grübeln, kann verschiedene Ursachen haben. Wir erklären Ihnen in diesem Ratgeber, weswegen manche Menschen mehr als andere vom Grübeln betroffen sein könnten, wo die Wurzel dieses Übels lieget und wie man eine Besserung dieses Zustandes erlangen könnte.

Grübeln – Ist doch normal oder doch nicht?

Wir Menschen sind Wesen, die denken und vieles hinterfragen und das ist auch gut so. Wir analysieren und werten Geschehnisse in unserem Leben tagein, tagaus und überlegen uns oft, was wäre, wenn etwas anders abgelaufen wäre, oder wir malen uns bestimmte Situationen in der Zukunft aus und spielen uns diese Situation in zig verschiedenen Varianten vor. Dies kommt im Leben eines jeden normalen gesunden

Menschen vor und sollte als nichts Krankhaftes angesehen werden, solange dieser Zustand uns nicht andauernd begleitet.

Jedoch kann übertriebenes und viel zu häufiges Nachdenken über bestimmte und oft gleiche Dinge, die schon passiert sind und die man nicht ändern kann, oder über gewisse Dinge, die in der Zukunft liegen, und das sich Sorgen darum, wie etwas sein soll und was passieren wird, das erste Anzeichen für exzessives Grübeln sein. Alles wäre halb so schlimm, wenn da nicht der Zusammenhang zwischen dem Grübeln und einer Depression wäre. Wie schon erwähnt, grübeln tut jeder Mensch, allerdings ist dies ein ernst zu nehmendes Warnzeichen für eine Depression, wenn dieses Grübeln von negativen Emotionen begleitet wird.

Grübeln ist kein Denkprozess, bei dem die Gedanken geordnet, klar strukturiert und lösungsorientiert sind. Das bedeutet, dass man bei einem normalen Denkprozess nachdenkt, analysiert, sortiert, zu einem Ergebnis und abschließt. Das Grübeln hingegen ist ein unklares, desorientiertes und krampfhaftes Gedankenkarussell, das den Verstand und Geist völlig einnimmt und bei dem die Person keine Ruhe findet und zu keinem Ergebnis kommt – sie kann somit das Gedankenkarussell nicht abstellen.

Die Gedanken sind damit beschäftigt, die ein oder andere Situation immer wieder aufs Neue abzuspielen, zurückzuspielen, erneut abzuspielen und noch einmal zurückzuspielen und erneut abzuspielen und es gibt keinen „Stopp"-Knopf, den man betätigen kann, um dem Spuk ein Ende zu setzen!

Das Grübeln beschert uns keine positiven Gefühle. Im Gegenteil, es fesselt den Geist und Verstand, hält die Stimmung unten und zermürbt uns innerlich. Warum wir Menschen uns dem Grübeln hingeben und dafür anfällig sind, kann viele verschiedene Ursachen haben und es spielen diverse Faktoren eine Rolle. Wissenschaftler vermuten genetisch bedingte Ursachen sowie die frühkindliche Entwicklung und Einflüsse aus der Erziehung.

Wo das Denken aufhört und das Grübeln anfängt

Wie wir schon im vorherigen Kapitel erwähnt haben, sind das Denken und Grübeln zwei Paar verschiedene Schuhe. Die zwei haben Gemeinsamkeiten, aber auch ausschlaggebende Unterschiede. Denken und Grübeln ist Kopfsache und geht beides vom Gehirn aus. Das eine ist jedoch normal und ein essenzieller Bestandteil des Lebens eines jeden einzelnen von uns. Das andere ist jedoch eine lästige „Gewohnheit" oder beinahe sogar schon eine „Denkstörung", könnte man sagen, die unser Leben komplett in Schach hält und uns unsichtbare Fesseln anlegen kann, sodass wir nicht mehr freier Herr unserer Gedanken sind.

Das Reflektieren bringt uns oft zu Lösungen und schafft Probleme aus dem Weg. Es erleichtert und bereichert unser Leben und diejenigen, die denken und dies gründlich tun, werden es im Leben oftmals einfacher haben! Die Selbstreflexion gehört ebenfalls zum Leben eines Menschen. Wir reflektieren über Dinge und können so Lehren ziehen aus den verschiedensten Situationen unseres Lebens und anhand der Reflexion für neue Situationen können wir Lösungen parat haben. Doch leider sieht es mit dem Grübeln anders aus. Das Grübeln bietet weder Lösungen für ein Problem an noch kommt man durch das Grübeln zu einer Schlussfolgerung. Das Grübeln saugt die Energie aus und lässt uns aus der Gedankenspirale nicht herauskommen.

URSACHEN DES EXZESSIVEN GRÜBELNS

Das Grübeln ist etwas, das bei den meisten Menschen wahrscheinlich anzutreffen ist. Es ist schwer vorstellbar, dass ein Mensch in seinem Leben noch nie gegrübelt hätte. Es kann sein, dass einer mehr und dass der andere weniger grübelt, aber allgemein ist es etwas Menschliches, über einige Situationen oder Ereignisse in unserem Leben etwas mehr nachzudenken. Doch wer dies in übertriebenem Maße tut, könnte gefährdet sein.

Denn ständiges und viel zu häufiges Grübeln ist nicht mehr normal und kann auf eine psychische Erkrankung hindeuten. Diese können sein: Depression, Angststörungen oder Traumata.

Wenn der Stoffwechsel des Gehirns gestört ist, kann dies eine ganz andere Art des Denkens hervorrufen, so sind sich Wissenschaftler einig. Wer also an Depressionen leidet, hat quasi eine andere Art, wie er denkt. Es sind, wie schon oben erwähnt, keine klar strukturierten Gedanken, die auf eine Lösung ausgerichtet sind, sondern es ist ein wirres und aus der Bahn geratenes Gedankenkarussell, das nicht mehr zu steuern ist und immer wieder um das gleiche Thema kreist. Es ist das ständige Wiederkäuen des gleichen Themas, ohne damit abzuschließen und all die Gedanken „geordnet in die zugehörige Schublade" zu legen.

Stellen Sie sich Folgendes vor: Sie sind auf der Arbeit und ein Kollege beachtet und grüßt Sie nicht. Sofort geht Ihnen der Gedanke durch den Kopf, dass Ihr Kollege Sie auf einmal nicht mehr leiden kann. Dann verfolgt Sie dieser Gedanke noch die nächsten Tage und vielleicht auch Wochen oder sogar Monate. Sie sind damit beschäftigt, zu analysieren, warum der Kollege Sie nicht gegrüßt hat. Irgendetwas muss passiert sein, weswegen Ihr Kollege sauer auf Sie ist. Sie haben die aufregendsten Szenarien im Kopf, warum der Kollege Sie auf einmal nicht mehr leiden könnte und er genau aus diesem Grund Sie nicht gegrüßt hat. Sie machen Ihre Gedanken und Ihr Leben davon abhängig und sind nur noch darauf fokussiert, zu verstehen, warum der Kollege Sie nicht gegrüßt hat. Es gibt zig solcher Beispiele, warum Menschen grübeln. Meist sind es vergangenheitsbezogene Situationen, die Grübler durch und durch analysieren und negativ auswerten. Anstatt sich zu sagen, dass der Kollege wahrscheinlich einen schlechten Tag hatte oder Sie nicht gesehen hat, machen Sie sich verrückt und interpretieren in die Situation hinein. Menschen, die so ein Verhaltensmuster haben, könnten es in der Tat mit einem Problem auf psychischer

Ebene zu tun haben. Denn ein Mensch mit einer gesunden Psyche würde in so einem Vorfall vielleicht ein, zwei Minuten oder ein, zwei Tage darüber nachdenken und sich sagen, dass es der Kollege wahrscheinlich eilig hatte oder er die Person einfach nicht gesehen hat, und mit dem Gedanken abschließen.

Also können wir daraus schließen, dass das Grübeln an sich nicht die Ursache ist, sondern eher ein Warnzeichen dafür, dass jemand unter einer psychischen Erkrankung wie einer Depression leiden könnte. Es können auch Ursachen wie Traumata aus der Kindheit eine ganz wichtige Rolle spielen, weswegen ein Mensch dazu neigt, weit hergeholt zu interpretieren und Schlüsse zu ziehen. Etwas könnte in der Kindheit passiert sein, das die Psyche des Menschen derart beeinträchtigt und so zu einer Störung des Denkens geführt hat, sodass die Person dadurch eine gewisse negative oder pessimistische Grundhaltung zum Leben eingenommen haben könnte. Auch werden Menschen, die oft unter Angstzuständen leiden und sehr empfindlich auf Veränderungen in ihrem Umfeld reagieren, vom Grübeln geplagt. Solche Menschen machen sich exzessiv Sorgen darüber, was noch passieren wird oder passieren könnte, und sie können nicht entspannt und positiv gestimmt der Zukunft ins Auge sehen. Das sind

Menschen, die generell eine ängstliche Grundhaltung haben und sich um alles mehr Sorgen machen als der Durchschnitt der Menschheit. Experten vermuten hier eine generalisierte Angststörung.

Es ist völlig natürlich und menschlich, sich beispielsweise, wenn man seinen Arbeitsplatz verloren hat, um seine weitere Zukunft zu sorgen. Dies sind aber situationsbedingte „Grübelanfälle", von denen wahrscheinlich jeder Mensch geplagt wird, außer, er ist ein äußerst optimistischer Mensch, dem selbst der Verlust seines Jobs nichts ausmachen würde und er trotzdem lächelnd in die Zukunft blickt! Aber sind wir realistisch, so können wir sagen, dass bestimmte Situationen im Leben jedem von uns das eine oder andere Mal eine saftige Portion „Grübeln" bescheren! Diese können bevorstehende Prüfungen, Vorstellungsgespräche, Konflikte mit Mitmenschen, Überforderung und Stress auf der Arbeit sein. All das sind Situationen, die uns schlaflose Nächte bescheren und unsere Gedanken in ihren Bann ziehen. Es gehört zum Leben dazu, sich in solchen Situationen mehr Sorgen zu machen und angespannter zu sein als sonst.

Doch wir sprechen von dem zwanghaften Grübeln, welches unabhängig von verschiedenen Situationen ein Begleiter wird und für das einige

Menschen besonders anfällig sind. Generell könnte man auch sagen, dass besonders Menschen mit einer eher pessimistischen Einstellung zum Leben dazu neigen, ständig zu grübeln. Denn das Grübeln bringt keine neuen Ideen hervor und es bereichert nicht die Welt. Sie können es sich so vorstellen: Diese Gedanken sind wie ein altes Stück Gummi, das Tag und Nacht wieder und wieder gekaut wird und immer denselben Geschmack und dieselbe Konsistenz hat. Es lässt sich weder zerkauen oder zerkleinern noch verdauen, ändert seinen Geschmack absolut nicht und bringt auch keine Nährstoffe! Und jetzt stellen Sie sich vor, Sie essen einen Korb voll von Gemüse, Obst und Nüssen? Sie bekommen Energie, was Sie zu mehr Ideen bringt, und Sie haben Geschmack im Mund und Sie genießen es! Das ist der Unterschied zwischen Reflektieren und dem Grübeln! Das eine ist produktiv und trägt Früchte und das andere ist unproduktiv und wirkt sich zerstörerisch auf unser Wohlbefinden, auf unsere zwischenmenschlichen Beziehungen und generell auf alle Aspekte unseres Lebens aus!

Oft wird mit dem Grübeln der Begriff „Rumination" in Verbindung gebracht. Rumination ist das Fachwort für Wiederkäuen. Es erinnert an das Grübeln: Immer und immer wieder wird das gleiche

Thema in die Erinnerung gerufen und nachgedacht, was schiefgelaufen ist, was man hätte anders machen können. Man ist diesen unproduktiven Gedanken ausgeliefert und kann diese aus dem Kopf einfach nicht verbannen!

SYMPTOME UND ERSCHEINUNGS-FORMEN

Es sei gesagt, Grübeln an sich ist nicht die Ursache, es ist ein Symptom für eine möglicherweise psychische Erkrankung, wie etwa eine Depression, Angststörung oder ein Trauma. Wissenschaftler behaupten, dass Menschen, die depressiv sind, eine andere Art haben, nachzudenken. Denn der gestörte Stoffwechsel ihres Gehirns lässt das Gehirn seine Funktion als Denkorgan nicht korrekt ausführen. Es entstehen Denkmuster, die bei einem gesunden Menschen nicht vorhanden sind.

Beispiele dieser krankhaften Denkmuster können eingeengtes Denken, Ideenflucht, abreißende Gedanken, Zwangsgedanken, verlangsamtes Denken, gehemmtes Denken oder eben das Grübeln sein. Sie alle hängen zusammen und sie alle haben etwas gemeinsam, sie schaden uns nämlich, und zwar insofern, als dass sie einem regelrecht die Kraft

aussaugen und zu Niedergeschlagenheit und Lustlosigkeit führen können. Das permanente und andau-
ernde Grübeln ist aber nicht zu verwechseln mit
Grübelzwang oder Zwangsgedanken. Diese unter-
scheiden sich insofern vom permanenten Grübeln,
als dass diese eine andere Art haben, wie sie die Gedanken der Betroffenen einnehmen. Grübelzwang
lässt sich dadurch charakterisieren, dass er impulsiv
und unvorhersehbar auftritt. Betroffene haben mit
quälenden und aggressiven Gedanken zu ringen, die
nicht in ihr moralisches Wertesystem passen und die
sie belasten.

Im Folgenden stellen wir Ihnen eine Übersicht der
häufigsten Symptome des Grübelns vor:

- **Schlaflosigkeit**
- **Gedankenkarussell**
- **Immer die gleichen Themen im Kopf haben**
- **Hoffnungslosigkeit**
- **Lustlosigkeit**
- **Niedergeschlagenheit**
- **Appetitlosigkeit**
- **Frust**
- **Gefühl der Ohnmacht**
- **Selbstzweifel**
- **Selbstkritik**
- **Traurigkeit**
- **Selbstbewusstsein leidet**

Wenn Sie merken, dass Sie an einigen dieser Symptome leiden, heißt das noch lange nicht, dass Sie ebenfalls für das exzessive Grübeln anfällig sind. Meist sind Menschen, die zu viel grübeln, in ihrer Vergangenheit unterwegs, durchdenken die Abläufe einiger Situationen und stellen sich andauernd die Frage, was wäre, wenn man dies und das anders gemacht hätte. Was wäre passiert, hätte man dies und jenes nicht so gesagt. Wenn Sie also vor wichtigen Entscheidungen stehen oder wenn ein niederschmetterndes Erlebnis wie das Nicht-Bestehen einer wichtigen Prüfung Sie heimgesucht hat, heißt das noch lange nicht, dass Sie ein Grübler sind! Denn sich in solchen Situationen mehr Sorgen zu machen und traurig zu sein, ist verständlich.

Merken wir uns, dass exzessives Grübeln unproduktiv ist, sich meist in der Vergangenheit oder der ungewissen Zukunft abspielt und keinen Mehrwert bietet, weder für den Betroffenen selbst noch für die Umwelt. Es ist eher eine Belastung für alle Betroffenen, für den Grübler selbst und auch für seine Familie und seine Freunde. Denn Grübler sind oft für ihre Familie nicht ansprechbar und belasten damit die Beziehungen.

Grübler haben keine Macht und keinen Einfluss auf das Geschehen und sind trotzdem andauernd damit beschäftigt, diese Situationen aufs Neue in ihren Köpfen abzuspielen, damit ihre kostbare Zeit und Energie zu verschwenden und ihre Beziehungen aufs Spiel zu setzen.

GRÜBELN SUCHT KEINE LÖSUN-GEN, SONDERN ERKLÄRUNGEN

Ein wichtiges Merkmal des Grübelns, wie wir festgestellt haben, ist, dass es unproduktiv und nicht lösungsorientiert ist. Das Denken ist ein Segen. Es ist das höchste Gut eines Menschen. Dass ein Mensch sein Leben durchdacht lebt, wichtige Entscheidungen, die er trifft, auf Verstand und Weisheit basieren und er sich dabei das Denken zunutze macht, ist natürlich ein immenser Vorteil. Wie können wir aber wissen, ob wir in dem einen oder anderen Moment zu viel grübeln, oder anders ausgedrückt, ob das Grübeln in dem Moment etwas Negatives ist? Denn wie gesagt, dass Sie in bestimmten Situationen grübeln, heißt noch lange nicht, dass es schädlich oder unproduktiv ist in diesem Augenblick. Wenn Sie vor einem Problem stehen, sich eine Lösung einfallen lassen müssen und darüber nachdenken, selbst, wenn Sie es exzessiv tun, dann versuchen Sie, Ihr Problem zu lösen und das ist gut so!

Selbst, wenn es Ihnen Kopfschmerzen bereitet und Sie sich den Kopf zerbrechen, stunden- oder möglicherweise auch tagelang, dann ist das total in Ordnung, solange Sie versuchen, ein akutes Problem zu lösen.

Unser Gehirn ist wie ein internes Navigations-system. So vermuten Wissenschaftler, dass es be-stimmte Informationen unserer räumlichen Umge-bung in sogenannten kognitiven Räumen speichert. Anhand dieser gespeicherten Informationen kann das Gehirn sie auf spätere Situationen anwenden und uns liegen Muster bereit, nach denen wir han-deln können.

Wenn das Gehirn in seiner Funktion nicht beein-trächtigt ist, so sind die kognitiven Fähigkeiten des Gehirns darauf ausgerichtet, unsere alltäglichen Probleme zu lösen, indem es uns Verhaltensmuster in den jeweiligen kognitiven Räumen abgespeichert hat und wir uns dieser bedienen. Das heißt beispiels-weise, dass wir aus früheren Erlebnissen die gespei-cherten Informationen für neue Situationen verwen-den und so nachdenken können, wie wir diesmal in der neuen Situation handeln sollen. Oft passiert es uns, dass wir einen Fehler machen, und die Erfah-rung, einen solchen gemacht zu haben, und die aus dieser Situation gewonnenen Eindrücke und Erfah-rungen machen es uns umso leichter, dies nicht noch einmal zu wiederholen.

Dann können wir beim nächsten Mal, falls wir uns in einer ähnlichen Situation befinden sollten, un-sere Erfahrungen darauf anwenden und eine andere

Lösung in Betracht ziehen. Das alles ist ein Denkprozess, der richtig funktioniert. Gesunde Gedankengänge und -prozesse helfen uns, aus Situationen aus der Vergangenheit zu lernen, in der Zukunft weiser und klüger zu werden, Fehler nicht zu wiederholen und richtige Entscheidungen zu treffen. Fragen, die in unserem Kopf während eines gesunden Denkprozesses aufkommen, sind „Wie?"- und „Was?"-Fragen.

Man versucht, nach Lösungsansätzen anhand dieser Fragen zu suchen. Wie kann ich mein Problem lösen? Was kann ich tun, um mein Problem zu lösen? Was muss geschehen, damit ich die Situation meistern kann? Das sind produktive Fragen, die einen analytischen Charakter haben und uns helfen, zu den richtigen Antworten zu gelangen. Und mit welcher Frage schlagen sich chronische Grübler herum? Grübler fragen sich oft nach dem „Warum?". Sie interessiert es die meiste Zeit nur, warum etwas so passiert ist und nicht, wie es passiert ist. Sie fragen sich, warum habe ich dies und jenes nicht geschafft in dieser und jener Situation? Warum ist ausgerechnet mir so etwas passiert? Sie sehen, dass Grübler keine Lösungen, sondern Erklärungen suchen! Sie machen sich vergangenheitsbezogene Gedanken über Dinge und analysieren das Geschehen, das niemand zu ändern vermag. Oft sind auch Vorwürfe sowie

Wunschdenken vorzufinden: „Hätte ich dies bloß so gemacht!", „Wäre das bloß so gekommen und nicht so!", oder, „Könnte ich dies bloß wiederholen und anders machen". Alles Gedanken voller Frust, Enttäuschung, Selbstkritik und Verzweiflung. Grübeln löst in uns also eine negative Stimmung aus und lässt uns nach Niederlagen und schlechten Erlebnissen nur noch tiefer fallen und sinken.

DAS STÄNDIGE GRÜBELN UND SEINE FOLGEN

Wir haben nun verstanden, dass das Grübeln etwas Negatives und Unproduktives ist. Es bietet uns keinerlei Mehrwert in unserem Leben. Es verursacht oder verstärkt die negative Stimmung und löst in uns Gefühle der Hoffnungslosigkeit und Trauer aus. Aber hat das Grübeln darüber hinaus noch weitere Folgen für unsere Gesundheit? Kann es uns krank machen?

Unsere Psyche auf Dauer sogar schädigen? Laut Wissenschaftlern kann es dies – leider! Tatsächlich kann das exzessive Grübeln sowohl unsere physische als auch psychische Gesundheit beeinträchtigen. Hierzu wurden sogar Studien durchgeführt, um herauszufinden, wie „krank" das Grübeln depressive Menschen und gesunde Menschen machen kann.

WIE DAS GRÜBELN UNS KRANK MACHT

Um herauszufinden, wie das Grübeln sich auf die Gesundheit sowohl depressiver Menschen als auch gesunder Menschen auswirkt, wurden zwei Studien durchgeführt, geleitet durch Professorin Christine Kühner. In dieser Studie wurden, wie bereits erwähnt, Menschen, die angaben, psychisch nicht belastet zu sein, und demnach als gesund galten, als auch Menschen mit Depressionen begleitet.

Die zwei Gruppen wurden mit Smartphones und Röhrchen mit Watteröllchen ausgestattet, sodass diese mehrmals am Tag über ihre Stimmung Einträge machen konnten oder Speichelproben abgaben, wenn die Wissenschaftler sie dazu aufgefordert haben. Über das Smartphone konnten die Probanden die Fragen der Wissenschaftler wie in einem Tagebuch beantworten und über ihre Stimmung berichten.

Die Speichelproben wurden dazu gemacht, um anhand dieser die Werte des Gehalts von Kortisol nachzuweisen. Kortisol gilt bekanntlich als das Hormon, das in Stresssituationen vom Körper ausgeschüttet wird. Das Team, das die Studien durchführte, fand heraus, dass das Grübeln verstärkt am Abend auftrat. Außerdem wurde nachgewiesen, dass Menschen, die unter Depressionen litten, größerem Risiko ausgesetzt waren, mehr Kortisol auszuschütten. Diese Menschen waren viel anfälliger für das Grübeln. Sie waren meist in der Abendzeit damit beschäftigt, zu grübeln, also anscheinend dann, wenn man nach einem langen Arbeitstag zu Hause angekommen ist. Anstatt sich abzulenken, grübelten Menschen nur noch mehr.

Interessant ist noch die Tatsache, dass bei Menschen, die viel grübeln, das Hirn viel aktiver ist. Es werden bestimmte Hirnregionen überbeansprucht, was zu Zwangsstörungen, Angstzuständen, Schlafstörungen etc. führen kann. Zudem können Grübler eine Neurose entwickeln, was zu vielen Beeinträchtigungen im Alltag führen könnte. Das Grübeln wird von Psychologen auch als der „Brandbeschleuniger" für negative Gefühle gesehen, so auch Tobias Teismann, der ein Zentrum für Psychotherapie leitet.

Auswirkungen auf den Alltag – Warum das Leben keinen Spaß mehr macht

S tellen Sie sich vor, Sie kommen nach einem langen Arbeitstag nach Hause. Endlich können Sie entspannen und Ihren Hobbys nachgehen oder Zeit mit Ihrer Familie verbringen – eben das, was einem gesunden Menschen Spaß macht und

Freunde bereitet. Nun ist es aber so, dass fürs Grübeln anfällige Menschen, sobald sie die Zeit dazu haben und von niemandem mehr, zum Beispiel auf der Arbeit, gestört werden, dem Grübeln nachgehen. Die Gedanken sind verkrampft mit einem Thema beschäftigt und lassen nicht los. Der Mensch, der sich dem Grübeln hingegeben hat, kann sich auf nichts anderes mehr konzentrieren, weder auf die Familie noch auf das Hobby. Man ist durch die schlechte Stimmung, die das Grübeln verursacht, für Außenstehende kaum ansprechbar.

Denn es fühlt sich für außenstehende Personen so an, als würden sie es mit einer leblosen Puppe zu tun haben. Denn das Grübeln hält die Laune tief und die Person findet keine Freude daran, mit anderen etwas zu unternehmen. Die schlechten Gedanken loszulassen und sich auf etwas zu konzentrieren, was den Stress abbaut, ist etwas, was Grübler nicht tun. Auch werden nahestehende Menschen von Grüblern ins Visier genommen, warum und weswegen eine Person dies und jenes getan hat. Ein idealer Zündstoff für Streit. Denn Grübler lassen dem Gegenüber keine Gelegenheit, sich zu äußern oder ihre Sicht der Situation zu schildern, sondern sie haben schon alles parat vor sich liegen, warum diese Person in dieser und jener Situation so gehandelt hat.

Jeder Mensch strebt danach, glücklich zu werden. Wir Menschen möchten das tun, was uns glücklich macht, und wir möchten dem, was uns Stress und Ärger bereitet, aus dem Weg gehen. Menschen mit einer gesunden Psyche machen ihr Leben nicht davon abhängig, was ihre Mitmenschen über sie denken. Sie machen ihr Leben auch nicht von ihrer Vergangenheit abhängig, sondern schauen nach vorne. Sie nehmen ihr Glück selbst in die Hand und streben danach, das beste aus der Situation und aus dem Leben selbst zu machen. Sie hängen Situationen und Erlebnissen aus der Vergangenheit nicht nach, sondern schließen ab und ziehen Lehren daraus für ihr zukünftiges Leben. Menschen mit einer gesunden Psyche und einer positiven Lebenseinstellung suchen nicht nach Konflikten. Sie lassen negative Gefühle los und konzentrieren sich darauf, was ihnen nützt. Sie suchen nicht nach Bestätigung und vergleichen sich nicht mit anderen. Sie sind darauf fokussiert, das eigene Leben sowie das Leben ihrer nahen Mitmenschen so sinnvoll und positiv wie möglich zu gestalten. Sie verschwenden ihre Zeit und Energie nicht für nutzloses Grübeln, sondern investieren diese in ihr Glück.

Wie wir eingangs schon erwähnt haben, sind Menschen, die sich dem Grübeln hingeben, oftmals

Menschen mit einer pessimistischen Lebenseinstellung und depressiv. Sie befinden sich in einer Leere – eine Leere, die weder eine Richtung noch einen Hinweis oder ein Ziel in Aussicht stellt. Doch es ist nicht alles verloren. Wissenschaftler habe einige Methoden und Therapien für Menschen entwickelt, die sich dem Ruminieren exzessiv hingegeben haben. Anhand dieser Methoden wurden schon viele Erfolge erzielt.

Grübeln – Gibt es einen Weg da raus?

O b das Grübeln vollständig heilbar ist, steht offen. Es hängt von jeder Person selbst ab, inwiefern sie bereit ist, an sich zu arbeiten. Denn es hängt von der jeweiligen betroffenen Person ab, wie sie die Dinge in ihrem Leben sieht, wie sie ihre Realität wahrnimmt und ob sie dazu neigt, Situationen und Ereignisse positiv oder negativ zu betrachten.

Die entwickelten Methoden und Techniken versprechen jedenfalls Besserung und Erleichterung laut Wissenschaftlern. Denn viele Patienten berichten von einer Verbesserung der Symptome. Nach den Therapien fällt es Personen leichter, ihre Gedanken zu kontrollieren.

Psychotherapeuten wenden verschiedene Therapien an: von metakognitiven bis hin zu Muskelentspannungsmethoden. Solche Therapien werden von Psychotherapeuten vor Ort durchgeführt, aber man kann Ansätze und zahlreiche Techniken und Tipps auch zu Hause für sich allein schon praktizieren. Eine psychotherapeutische Behandlung und metakognitive Methoden, die darauf abzielen, den mentalen Zustand einer Person zum Positiven hin zu verändern, indem die Betroffenen lernen, sich mit ihren Gedanken auseinanderzusetzen und diese zu steuern, werden oft von Psychologen zur Heilung ihrer Patienten herangezogen und diese erweisen sich als äußerst erfolgversprechend.

Was wir Ihnen in diesem Ratgeber an Hilfen und Tipps präsentieren, sind ebenfalls an metakognitiven Methoden angelehnte mentale Übungen, die Ihnen helfen könnten, wenn Sie diese korrekt und regelmäßig durchführen, Ruhe vom Gedankenkarussell, das Sie des Öfteren plagt, zu bekommen. Dieser Ratgeber wird Ihnen einige dieser mentalen Trainingsmethoden vorstellen. Ebenso zeigen wir Ihnen eine Muskelentspannungsmethode, die Ihnen hilft, Ihren inneren Zustand zu beruhigen.

Eine umfangreiche psychotherapeutische Behandlung ist im Rahmen dieses Ratgebers nicht zu verwirklichen, da solch eine Behandlung eine professionelle Herangehensweise erfordert, die den Patienten vor Ort genauer unter die Lupe nimmt und mit ihm die Therapie Schritt für Schritt durchgeht. Betroffenen ist dringlich zu empfehlen, sich professionelle Hilfe zu suchen, wenn der psychische Zustand die Lebensqualität und das Alltagsleben enorm in Mitleidenschaft zieht. Unsere Hilfen sollen den Menschen, die öfter grübeln und oben beschriebene Symptome schon teilweise beherbergen, helfen, eine positivere Sicht auf das Leben selbst zu entwickeln und negativen Gedanken den Rücken zu kehren. Menschen sollen anhand dieser mentalen Übungen lernen, die Auslöser und Gründe für ihr Grübeln rechtzeitig zu erkennen und eine entsprechende Art erlernen, Situationen und Dinge vernünftig zu beurteilen.

10 effektive Techniken gegen das Grübeln

Im Folgenden stellen wir Ihnen 10 effektive Methoden vor, mit denen Sie es schaffen werden, Ihre Gedanken besser unter Kontrolle zu halten, ein positiveres Lebensgefühl zu entwickeln und Situationen eventuell aus einer anderen, auf jeden Fall nicht negativen, Perspektive zu beurteilen.

1. Gedanken aufschreiben

Diese Methode mag sich für einige vielleicht seltsam anhören, doch sie ist effektiv und hat sich bewährt. Bei dieser Methode schreibt der Betroffene seine quälenden Gedanken auf ein Blatt Papier. Somit verschafft er sich Distanz zu diesen negativen Gedanken. Er kann sie auf dem Blatt Papier in verschriftlichter Form sehen und beobachten. Sie sind nicht mehr Teil von ihm. Man hat sozusagen einen Überblick über seine Gedanken und kann diese nun aus einem anderen Blickwinkel betrachten. Zusätzlich kann man das Blatt Papier zerreißen oder auch verbrennen oder zerknüllen und in den Müllkorb werfen. Man entsorgt sie demonstrativ, so ist man sie ein für alle Mal los und hat seine Ruhe.

2. Achtsamkeit

Das Achtsamkeitstraining, häufig auch unter dem Begriff „mindfulness" zu hören, befasst sich grundsätzlich damit, seine Umwelt und die Dinge, die um einen herum passieren, zu akzeptieren. Man soll lernen, verschiedene belastende Situationen in seinem Leben anzunehmen und zu verstehen, dass man sie nicht mehr ändern kann und dass die Realität, die durch diese Situationen entstanden ist, nun zu unserem Leben dazugehört und wir sie nicht zu ändern vermögen. Sie lernen anhand der Achtsamkeitsmethode eine Grundhaltung oder eine Einstellung zum Leben, dass man Erlebtes und Situationen nicht beurteilt, sondern sie nur wahrnimmt und anerkennt, aber keine wertende Beurteilung dieser in Bezug auf sein Leben vornimmt.

3. Gedanken stoppen

Die folgende Technik ist etwas umstritten unter den Experten, aber sie hat sich als eine stützende Hilfe erwiesen für viele Grübler. Bei dieser Methode geht es darum, sich, sobald man von quälenden Gedanken eingenommen wird, zu sagen, „STOPP!". Damit hindert man die Gedanken daran, den eigenen Geist einzunehmen, und stoppt sie. Man verwehrt den negativen Gedanken den Zutritt zu seinem inneren Ich und wendet sich etwas anderem zu. Das „STOPP!" können Sie sowohl für sich als auch laut sagen, wenn es die Situation zulässt und Sie sich wohlfühlen damit. Mit der lauten Verbalisierung verleihen Sie dem Ganzen eine stärkere Wirkung und Bedeutung.

4. Verschriftlichen und halten Sie Ihre Gedanken fest!

Vielen Menschen hilft es, zu schreiben. Wenn man über etwas traurig ist, neigen Menschen mit einer

Affinität zum Schreiben oft dazu, ihre Gefühle, Sorgen, Gedanken und das, was sie erlebt haben, auf einem Stück Papier festzuhalten. Man schreibt sich den Frust von der Seele. Dies hilft insofern, als dass man dadurch wie ein Außenstehender seine verschriftlichten Gedanken im Griff hat und sich eventuell von ihnen distanzieren und befreien kann – dass man jene Gedanken aus seinem Inneren auf das Blatt Papier überträgt. Wie in einem Tagebuch können Sie sich all das Erlebte von der Seele schreiben.

5. Ablenkung hilft!

Haben Sie Aktivitäten im Kopf, denen Sie gerne nachgehen? Sei es Sport, sich mit Freunden zu treffen, einen schönen Abend im Café zu verbringen oder Ihrer Kreativität den freien Lauf zu lassen und etwas mit Ihren Händen zu kreieren? Dann sollten Sie dies tun, sobald Sie merken, dass die belastenden Gedanken ihren Anfang nehmen und versuchen, sich in Ihrem Kopf breitzumachen! Dies ist eine hilfreiche Option, denn so können Sie Ihre Gedanken auf die Menschen und auf die Umwelt um Sie herum lenken und frischen Wind in den Kopf bekommen. Durch die Ablenkung haben Sie keine Gelegenheit, an etwas Negatives zu denken, sondern Sie werden mit neuen, frischen und angenehmen Emotionen erfüllt.

Seien Sie dankbar!

Leichter gesagt als getan! „Was hat Dankbarkeit mit Grübeln zu tun?", fragen Sie sich wahrscheinlich! Ein Mensch, der dankbar ist für all das, was er im Leben bekommen hat, wird weniger dazu neigen, negativ zu denken. Im Gegenteil, so einem Menschen wird es leichter fallen, seine Probleme zu lösen und nicht in seinen Problemen zu versinken. Er wird seine Probleme und die negativen Dinge, die ihm passieren, als klein betrachten und diese nicht zum Zentrum seines Lebens machen. Jemand, der selbst die kleinste Kleinigkeit in seinem Leben zu schätzen weiß, wird eher dazu neigen, viele Dinge gar nicht erst als negativ zu betrachten. Es erfordert natürlich Zeit, Geduld und Einsicht, Dankbarkeit zu verstehen und sich diese Eigenschaft zu eigen zu machen. Aber eine dankbare Haltung ist definitiv etwas, was unser Leben drastisch zum Positiven hin verändern kann.

6. Progressive Muskelrelaxation nach Jacobson

Diese Methode hat vielen Menschen schon geholfen, besser mit der physischen und psychischen Angespanntheit umzugehen. Dabei werden einige Muskelgruppen angespannt und nach einer Zeit wieder entspannt. Das geschieht in Kombination mit Atemübungen. Ein Beispiel für solch eine Übung ist folgende: Man ballt seine rechte Faust, zählt bis fünf und lässt wieder los. Man entspannt für zehn Sekunden. Danach ballt man die linke Faust, zählt erneut bis 5 und entspannt wieder. Diese Übung funktioniert so, dass man eine Muskelpartie für einige Sekunden anspannt und wieder entspannt, also Anspannung und Entspannung im Wechsel, und dabei seinen Atem kontrolliert und seine Gedanken auf etwas lenkt, was einem Freude und Vergnügen bereitet. Ausführlich zusammengestellte Kurse mit den Übungen dieser Methode finden Sie bei Ihrer Krankenkasse oder auch im Internet.

7. Fordern Sie das Gedankenmonster in Ihrem Kopf heraus!

Klingt im ersten Augenblick vielleicht lustig, doch dieser Trick kann helfen! Versuchen Sie, sobald Sie sich bewusst werden, dass Sie grübeln, die Gedanken wie ein kleines mieses und freches Monster, das Sie ärgern will, zu betrachten. Nun, dann führen Sie ein Interview mit Ihrem kleinen Gedankenmonster und stellen ihm Fragen wie, „Bringen mich gerade diese negativen Gedanken weiter in meinem Leben?", „Bringen Sie mir etwas Positives für mein Leben?", „Haben diese negativen Gedanken mir einen Vorteil gebracht?", „Haben diese negativen

Gedanken eine positive Auswirkung sowohl auf meine psychische als auch auf meine physische Gesundheit?" und „Fühle ich mich gerade gut durch diese negativen Gedanken?". Wahrscheinlich werden Sie alle Fragen mit „Nein" beantworten und daher sollten Sie das Gedankenmonster aus Ihrem Kopf symbolisch verjagen!

8. Setzen Sie sich mit Ihrem Gedankenkarussell auseinander!

Diese Methode wird sich etwas schwieriger gestalten und sie wird viel Zeit in Anspruch nehmen, doch es könnte sein, dass gerade diese Methode Ihnen dabei hilft, zum Ursprung Ihres Grübelns zu kommen. Versuchen Sie, sich daran zu erinnern, welche Ereignisse in Ihrem Leben dazu beigetragen haben, dass Sie die Hoffnung und den Mut verloren haben. Setzen Sie sich gedanklich mit diesen Erlebnissen auseinander. War es vielleicht die Scheidung der Eltern? Oder das Nicht-Erreichen eines gewünschten Abschlusses? Oder die Kündigung? Versuchen Sie, diese Situationen erneut abzuspielen, ohne diesen Situationen eine negative Wertung zu geben. Falls Ihre Eltern sich scheiden ließen und dies enormen Druck und womöglich Schuldgefühle in Ihnen ausgelöst hat, versuchen Sie, sich nun nochmals mit dieser

Situation positiv und mit anderen Gefühlen auseinanderzusetzen. Es mag sein, dass Sie sich für solche
Ereignisse, die in Ihrem Leben passiert sein könnten,
die Schuld geben und dass dies bis heute in Ihnen
verankert ist. Lösen Sie sich davon. Betrachten Sie
solche Situationen aus einem anderen Blickwinkel
und geben Sie diesen Erlebnissen einen Sinn. Wenn
es die Scheidung der Eltern war, dann denken Sie so,
dass es für Ihre Eltern wahrscheinlich besser war,
getrennte Wege zu gehen, um so vielleicht ihr Glück
zu finden, dass nichtsdestotrotz diese zwei Menschen immer noch Ihre Eltern waren, die Sie geliebt
haben und die sich für Sie das Beste gewünscht haben, und, dass Sie trotzdem noch beide Eltern haben
und diese gesund sind. Und hier kommen noch einmal das Positivdenken und Dankbarkeit zum Vorschein.

Denken Sie sich, es hätte immer schlimmer kommen können, es gibt Millionen Menschen da drau-
ßen, denen es schlechter geht, und man sollte für alles dankbar sein und alles hat seinen Sinn, wieso es
so passiert ist, wie es passiert ist. Versuchen Sie,
traumatische Erlebnisse, die wie seelenzerfressende
Tumore tief in Ihrer Seele irgendwo sitzen, zu verar-
beiten. Falls Sie professionelle Hilfe dafür benötigen,
holen Sie sich diese und befreien Sie sich von diesem

Leid. Denn es wird Ihren seelischen, psychischen und körperlichen Zustand enorm verbessern und Sie können, nachdem Sie solch negative Ereignisse verarbeitet und sich mit diesen auseinandergesetzt haben, unbeschwerter und leichter leben.

9. Hören Sie auf mit Selbstmitleid!

Sollten Sie dazu neigen, zu viel Mitleid für sich selbst zu empfinden, kann Sie dies auf Dauer in eine Rolle des Opfers versetzen. Wenn Sie sich ständig in jeder Situation als das Opfer betrachten und die anderen als schuldig, die Ihnen etwas Böses angetan haben und die in dieser und jener Situation natürlich die Schuldigen sind, dann geben Sie die Verantwortung für Ihr Leben weg. Wer ständig mit sich selbst Mitleid hat, versucht eigentlich nur, der eigenen Selbstkonfrontation aus dem Weg zu gehen, und möchte in seinem Leben nichts ändern. Er möchte seine Gedankengänge und sein Mindset nicht ändern, sondern macht es sich gemütlich, indem er die Opferrolle einnimmt und ständig nur jammert. Daher kommen auch oft die negativen Gedanken, wenn man die Schuld nur bei den anderen sucht und sich selbst in eine verkrampfte Selbstschutz-Position begibt. Wenn man damit beginnt, zuerst vor der eigenen Türe zu kehren und die Schuld bei sich zu suchen, kann dies schon von vielen negativen Gedanken und von Druck befreien. Wenn Sie versuchen, aktiv Ihr Leben selbst zu bestimmen und Ihren Handlungen einen Sinn zu verleihen, dann nehmen Sie Ihr Leben selbst in die Hand und tragen einzig und allein die Verantwortung dafür.

8 goldene Regeln für ein glückliche- res Leben

Es gibt allgemeingültige Weisheiten, die uns von Menschen, die ihr Leben gelebt haben und im Laufe ihres Lebens viel Lebenserfahrung und Weisheit erlangt haben, weitergegeben wurden. Alle Menschen auf diesem Planeten hatten wahrscheinlich mindestens mehrmals im Leben mit negativen Gedanken und dem Grübeln zu tun. Wir wissen, dass diese Neigung, negativ zu denken und viel zu grübeln, daher kommen kann, dass man unbemerkt schon an einer Depression leidet oder eine Depression beginnt, im Leben ihre Wurzeln zu schlagen. Es könnten auch, wie bereits schon in den vorherigen Kapiteln erwähnt, Traumen und andere belastende Situationen in Ihrem Leben der Auslöser für eine Depression und für das damit einhergehende exzessive Grübeln sein. Hier sei nochmals gesagt: SIE, und zwar NUR SIE allein tragen die Verantwortung für Ihr Leben, für Ihre Gedanken und für Ihr Handeln! Wenn Sie es zulassen, dass Negativität und Hoffnungslosigkeit die Oberhand in Ihrem Leben einnehmen, dann haben Sie schon längst aufgegeben. Solch ein Pessimismus wird uns im Leben niemals weiterbringen. Er wird Sie niemals aus Ihrer Schale herauskommen lassen, um der Welt Ihren fruchtbaren Kern zu präsentieren und etwas Positives für die Welt beizutragen. Daher ist es wichtig, dass Sie umdenken, Ihre negativen Gedanken herausfordern und diesen ein für alle Mal ein Ende setzen.

Mit diesen acht Regeln können Sie, wenn Sie diese verinnerlicht haben, unbeschwert durch das Leben gehen und es werden keine negativen Gedanken mehr Ihre Psyche als Brutstätte heimsuchen. Seien Sie Herr Ihres Geistes, üben und erziehen Sie

Ihren Geist dazu, stärker zu werden und ein sicheres Schutzschild gegen Negativität aufzubauen!

1. Regel – Hören Sie keine negativen Nachrichten

Wenn Sie dies hören, denken Sie nicht sogleich nur an die Nachrichten, die wir vom Nachrichtensprecher im Fernsehen übermittelt bekommen. Es geht hier um all das negative Geschehen um uns herum. Sobald etwas Schreckliches auf der Welt passiert, wird darüber überall, in den Medien, in der Schule, in der Uni, auf der Arbeit und im Freundeskreis wild diskutiert. Menschen geben sich solch negativen Ereignissen mit ihren ganzen Emotionen hin und lassen sich durch solche Ereignisse leicht einnehmen. Wenn wir jeden Tag all das Negative in unserem Umfeld und das, was alles auf der Welt passiert, aufsaugen, sind wir permanent nur noch mit Negativität und Frust gefüllt. Meldungen über Katastrophen, Morde und Korruption vermitteln uns das Bild, als sei diese Welt nur noch ein Ort der Betrübnis und des Schreckens – neben all den schönen und positiven Dingen, die ebenfalls in dieser Welt ihren Platz haben. Generell gilt es, sich von negativen Meldungen, Nachrichten und auch negativ eingestellten Menschen zu distanzieren, um so nicht unter ihrem Einfluss zu stehen. Dazu aber im nächsten Punkt.

2. Regel – Distanzieren Sie sich von negativen Menschen!

Man mag es kaum glauben, aber unser Umfeld hat einen enormen Einfluss auf unser Leben, auf unsere Einstellung und unsere Meinung vom Leben. Wenn Sie von Menschen umgeben sind, die immer und in jeder Situation nur einen negativen Ausgang erwarten oder die über andere Menschen immer nur negativ sprechen und in die Handlungen der anderen eine negative Absicht hineinlegen, dann seien Sie sich sicher, dass Sie von dieser Krankheit früher oder später angesteckt werden! Wir imitieren sehr oft das Verhalten und die Denkweise der Menschen um uns herum und können, ohne es zu merken und ohne sich kritisch damit auseinandergesetzt zu haben, diese ungefiltert übernehmen. Daher gilt es, sich von negativ denkenden Menschen zu entfernen und sich ein positives Umfeld zu schaffen. Denn dies wird sich ebenso auf Sie abfärben und Ihr Leben positiver stimmen.

3. Regel – Distanzieren Sie sich von negativen Menschen!

Man mag es kaum glauben, aber unser Umfeld hat einen enormen Einfluss auf unser Leben, auf unsere Einstellung und unsere Meinung vom Leben. Wenn

Sie von Menschen umgeben sind, die immer und in jeder Situation nur einen negativen Ausgang erwarten oder die über andere Menschen immer nur negativ sprechen und in die Handlungen der anderen eine negative Absicht hineinlegen, dann seien Sie sich sicher, dass Sie von dieser Krankheit früher oder später angesteckt werden! Wir imitieren sehr oft das Verhalten und die Denkweise der Menschen um uns herum und können, ohne es zu merken und ohne sich kritisch damit auseinandergesetzt zu haben, diese ungefiltert übernehmen. Daher gilt es, sich von negativ denkenden Menschen zu entfernen und ein positives Umfeld zu schaffen. Denn dies wird sich ebenso auf Sie abfärben und Ihr Leben positiver stimmen.

4. Suchen Sie die Schuld zuerst bei sich!

Bei dieser Regel geht es nicht darum, sich immer nur als den Miesepeter zu betrachten und sich für alles die Schuld zu geben. Es ist mit der Annahme verbunden, dass Sie, wenn Sie die Schuld zuerst bei sich suchen, Stärke zeigen. Sie demonstrieren damit, dass Sie über Ihr eigenes Verhalten reflektieren und Verantwortung übernehmen können. Sie suchen erst einmal nach Ursachen in Ihrem eigenen Handeln und möchten aufkommende Probleme lösen, indem

Sie alles dafür tun, was in Ihrer Hand liegt. Wenn Sie einmal falsch lagen, können Sie dazu stehen. Sie stehen zu Ihren Fehlern und akzeptieren diese. Sie verstehen, dass Sie nur ein Mensch sind, der seine Stärken und Schwächen sowie seine negativen und positiven Seiten hat, und Sie gestehen sich dies ein.

Wenn Sie so an jede Situation herangehen, fällt es Ihnen leichter, mit Niederlagen und Fehlern umzugehen. Das Suchen der Schuld zuerst bei sich soll Sie nur dazu verleiten, Ihren Fehler zu finden, aber da machen Sie auch bitte STOPP! Wenn Sie den Fehler gefunden haben, korrigieren Sie ihn bitte, aber machen Sie sich nicht für den Rest Ihres Lebens verrückt, wie das nur passieren konnte! Denken Sie positiv und handeln Sie produktiv. Ihre Fehler sind Lektionen in Ihrem Leben, die Ihnen helfen sollen, für das weitere Leben richtige Entscheidungen zu treffen und daraus zu lernen. Seien Sie gewillt, Ihre Fehler bei sich zu suchen und diese zu akzeptieren, ohne daran zu zerbrechen. Merken Sie sich: Unsere Fehler sind unsere besten Lehrer!

5. Lernen Sie, zu vergeben!

Wenn Sie es schaffen, Ihre eigenen Fehler einzugestehen und sich selbst zu vergeben, so tun Sie dies auch bei den Menschen in Ihrer Umgebung. Denn diese sind genau solche Menschen wie Sie auch, die sich irren können. Kein Mensch ist perfekt und kein Mensch ist fehlerfrei. Oft hängt unsere miese und negative Gefühlswelt damit zusammen, dass wir über die Taten und Handlungen anderer Menschen nicht hinwegkommen und diese uns immer wieder vor Augen halten und, schlimmer noch, unsere Beziehungen zu den Menschen aufs Spiel setzen, weil wir sie an ihre Fehler immer wieder erinnern. Versuchen Sie, für andere Menschen eine legitime Rechtfertigung zu finden, falls sie sich irgendwo geirrt und dies auch eingesehen haben, und schließen Sie dann damit ab. Es kann sein, dass Sie Probleme haben, sogar sich selbst zu vergeben.

Wenn Sie nicht in der Lage sind, sich selbst zu verzeihen, dann können Sie es bei anderen Menschen wahrscheinlich ebenso schlecht. Vergebung bringt uns auch dann Erleichterung, wenn jemand uns nicht um Vergebung gebeten hat, wir aber trotzdem uns zuliebe anderen vergeben. Menschen kommen und gehen. Menschen werden uns ans Herz wachsen und wir denken, wir können uns ein Leben ohne einen bestimmten Menschen nicht vorstellen. Und es kann sein, dass genau dieser Mensch Sie mit einer Tat verrät, welche Sie und Ihre Vorstellung vom Leben erschüttern wird. Aber wir sollten uns bewusst machen, dass wir Menschen, wie gesagt, nicht perfekt sind und dass man alles erwarten kann. Wir dürfen unser Leben von anderen Menschen und ihren Taten nicht abhängig machen. Andere Menschen sollen nicht der Mittelpunkt unseres Lebens werden. Wenn ein Mensch Sie auf Ihrem gemeinsamen Weg an einem Punkt fallen gelassen hat, dann sagen Sie sich, „Okay er wusste es in dem Moment nicht besser und vielleicht ist es besser, dass unsere Wege sich getrennt haben. Dann bedeutet das, dass wir zueinander nicht gepasst haben." Versuchen Sie, Ihre Gedanken nicht abhängig zu machen von Ihrer Umwelt und den Menschen um Sie herum. Sie sind selbstgenügsam. Menschen, die Ihnen Freude, Glück und Vertrauen schenken, sind eine Bereicherung für Ihr Leben, ebenso wie Menschen, die das Gegenteil tun. Sie alle haben etwas gemeinsam: Sie erteilen Ihnen Lehren für Ihr ganzes Leben und lassen Sie stärker werden, wenn Sie nur lernen, zu erkennen, wo die Weisheit in dieser und jener Situation liegt.

Wenn Sie jemandem vergeben konnten, dann fangen Sie auf einem neuen Blatt Papier an. Erinnern Sie den Menschen nicht daran und schließen Sie das Kapitel ab. Vergessen können wir schlecht, aber wenn wir vergeben haben, bedeutet das, dass wir den Menschen nicht mehr an seine Fehler erinnern und von neu beginnen. Wir „erlassen" dem Menschen seine Schuld und erinnern ihn nicht mehr daran.

6. Suchen Sie nicht nach Fehlern der anderen!

Es gibt einen sehr schönen Vers im Koran, der diesen Zustand der Menschen passend beschreibt: "**O ihr, die ihr glaubt! Meidet Mutmaßungen reichlich. Denn so manches, was ihr mutmaßt, ist Sünde. Und sucht nicht nach des Nächsten Fehlern und Geheimnissen.**" (Sure Hujurat, Vers 12). Es ist so, dass man es besser nicht hätte sagen können. Wir Menschen neigen dazu, voreilig Mutmaßungen zu treffen und die Handlungen der anderen zu interpretieren, ohne das Wissen darüber, weswegen ein Mensch die ein oder andere Tat begangen haben könnte. Wir erfreuen uns oft an den Fehlern der anderen oder sind nur in der Lage, die Fehler der anderen zu sehen, und versteifen uns, sobald jemand uns für unsere Fehler kritisiert und wir uns und unsere Meinung in Gefahr sehen.

Denken Sie niemals, dass Sie besser sind als die anderen Menschen, aber auch nicht schlechter. Wir Menschen sind alle gleich und haben alle das Potenzial, Fehler zu machen. Diese Tatsache müssen wir uns bewusst machen und genau so, wie wir möchten, dass man uns versteht und unsere Fehler vergibt, sollten wir auch Mitgefühl für die Menschen um uns herum haben. Menschen, die uns viel bedeuten, aber auch Menschen, mit denen wir nicht all zu viel zu tun haben, die uns aber im Alltag oft begegnen, werden immer wieder Dinge machen, die Sie womöglich verärgern oder verletzen. Lassen Sie es los und an sich vorbeischleifen. Ja, es hat im ersten Moment wehgetan und Wut kommt in Ihnen auf, aber lassen Sie dies nicht Ihre ganze Gedanken- und Gefühlswelt bestimmen. Eine besondere Eigenschaft von grübelnden Menschen ist es, dass sie oft Interpretationen in die Handlungen der Menschen um sie herum hineinlegen und sich das Leben dadurch nur noch schwerer machen. Selbst, wenn jemand Sie irgendwie gekränkt haben sollte, vermuten Sie nicht direkt, dass diese Person Sie hasst und Ihnen nur Böses will. Versuchen Sie, sich an die Stelle der Person hineinzuversetzen und stellen Sie sich vor, dass diese Person in dem Augenblick hilflos war und nicht die nötige Stärke und die nötige Weisheit hatte, anders zu handeln als in dem Moment, und dass Sie nicht davor gewappnet sind, das Gleiche irgendwann einmal zu tun.

7. Mit Vergleichen endet das Glück!

„Das **Vergleichen** ist das **Ende** des Glücks und der Anfang der Unzufriedenheit", wusste schon der Philosoph Søren Kierkegaard. Wir Menschen sind Wesen, die uns oft mit anderen vergleichen. Wir vergleichen das, was wir erreicht haben, mit dem, was jemand anders erreicht hat, wobei wir doch verstehen sollten, dass wir Menschen nicht aus dem gleichen Holz sind. Wir sind alle Menschen, jedoch aus unterschiedlichen „Zutaten" und mit unterschiedlichen „Geschmäckern". Hören Sie auf damit, wenn Sie sich dabei erwischen, wieder einmal in Selbstkritik und Selbstzweifeln zu verfallen.

Sie müssen nicht perfekt sein und Sie müssen nicht das leisten, was andere geleistet haben. Suchen Sie sich Ihr an Sie angepasstes Maß und sagen Sie sich, „Ich muss nicht alles, was andere können, auch können!". Die Ziele, die Sie sich setzen, müssen nicht identisch sein mit den Zielen, die andere Menschen sich setzen. Wir sollten Glück nicht im Materiellen suchen und wir sollen nicht meinen, wir könnten nur dann glücklich sein, wenn wir Anerkennung und Beliebtheit erlangen. Nein. Sie sind selbstgenügsam und müssen niemandem etwas beweisen. Wenn Sie lernen, sich wohlzufühlen mit dem, was Sie haben, und alles an Gaben zählen, was Sie bekommen haben, und dafür dankbar sind, werden Sie das Gefühl, sich ständig mit jemandem vergleichen zu müssen, loswerden. Oft kommt es vor, dass wir dazu neigen, neidisch zu werden, wenn wir meinen, bei jemand anderem läuft das Leben besser und ihm scheint die Sonne mehr zu. Das Vergleichen kann dazu führen, dass Sie extreme Selbstzweifel entwickeln und ständig darüber grübeln, dass Sie nichts können und für nichts zu gebrauchen sind. Solch eine Art des Vergleichens finden wir oft unter dem Begriff „Aufwärtsvergleich".

Man vergleicht sich „aufwärts", möchte also mehr, man wünscht sich, mehr zu haben im Leben, und wenn man bei anderen Menschen mehr sieht als bei sich, kommen negative Gefühle wie Frust und Selbstzweifel auf. Menschen, die viel grübeln, entwickeln häufig diese Gewohnheit, sich ständig zu vergleichen, und tun ihrem Wohlbefinden damit nur Ungutes. Es gibt auch das Gegenteil zum Aufwärtsvergleichen, nämlich das „Abwärtsvergleichen". Das Abwärtsvergleichen kommt Menschen mit der Neigung, zu grübeln, eigentlich eher als Hilfe zugute. Denn wenn Sie sehen, dass jemand weniger hat als Sie, und Sie für das dankbar sind, was Sie haben, haben Sie positive Gefühle und nicht diesen inneren Druck, der Sie dazu antreibt, mehr haben zu wollen und die Erwartungen der anderen erfüllen zu wollen.

8. Lernen Sie, sich selbst zu lieben!

Viele seelische Leiden kommen daher, dass wir aufgrund einiger Umstände in unserem Leben es nicht gelernt haben, uns selbst zu lieben. Selbstliebe, Selbstmitgefühl und Selbstakzeptanz sind drei enorm wichtige Bausteine im Leben eines jeden von uns. Unser Charakter, unsere Persönlichkeit, unser Verhalten und unsere Gefühlswelt werden von unserer Kindheit und der Beziehung zu unseren Eltern und zu nahestehenden Menschen geprägt. So, wie wir uns heute benehmen, hängt größtenteils davon ab, wie wir aufgezogen wurden.

Hatten wir eine starke Bindung zu unseren Eltern? Wie war das Verhältnis von uns zu unseren Eltern? War es geprägt von Vertrauen, Liebe und Annahme? Oder hatte man es eher mit Eltern zu tun, die uns ständig für jede Kleinigkeit kritisiert haben und uns stets mit anderen Kindern verglichen haben? Es könnte sein, dass bei vielen Menschen seelische Leiden wie Depressionen daher kommen, dass sie kein liebevolles und stabiles Verhältnis zu ihren Eltern aufbauen konnten. Als Kind wurde man darauf getrimmt, die hohen Erwartungen der Eltern zu erfüllen, und man hat nie gelernt, auf sein eigenes Ich zu hören, seine Bedürfnisse und Wünsche zu äußern, sondern man musste sich immer nur nach den Erwartungen der anderen richten. Man hat ebenso nicht gelernt, sich mit seinen Schwächen zu akzeptieren, und womöglich, sich selbst für seine Errungenschaften zu loben. Auch Mitgefühl und Sorge für sein eigenes Ich zu entwickeln, hat man nicht gelernt.

Drei Prinzipien für das Leben

Im Folgenden stellen wir Ihnen drei fundamentale und lebensnotwendige Prinzipien vor, die Sie sich unbedingt aneignen müssen. Es kann sein, dass Sie es verpasst haben in Ihrer Vergangenheit, aber lassen Sie Ihre Zukunft nicht von Ihren negativen Gedanken und Schuldgefühlen dominieren. Sie sind es wert, geliebt und akzeptiert zu werden, so, wie Sie sind.

Wie Sie nun aus den vorherigen Kapiteln erfahren haben, ist das Grübeln ein Symptom einer seelischen Krankheit – sei es eine Depression, eine

Zwangsstörung oder andere psychische Erkrankungen. Oft haben Menschen, die dazu neigen, viel zu grübeln, eben die oben beschriebenen Probleme. Sie haben nicht gelernt, sich selbst zu lieben und zu loben und sich mit ihren Stärken und Schwächen zu akzeptieren. Außerdem fällt es ihnen äußerst schwer, den anderen Menschen ihre Grenzen zu kommunizieren. Sie können ihre Bedürfnisse und Gefühle nicht frei äußern und haben Angst vor Abwertung, Ablehnung und Kritik.

Die folgenden Prinzipien werden Ihnen dabei helfen, sich nochmals in Gedanken zu rufen, wie das Grundgerüst eines gesunden Menschen mit einer gesunden Psyche sein sollte. Dieses Grundgerüst besteht daraus, sich so zu akzeptieren, wie man ist, und offen zu sein für seine Schwächen und Makel. Ebenso gehört es dazu, dass man lernt, seine Wünsche, Gefühle und Gedanken mit den Mitmenschen zu teilen, ohne Angst davor zu haben, verurteilt zu werden, und zu guter Letzt, dass man sich selbst so akzeptiert, wie man ist, mit allem, was dazu gehört, und sich nicht dazu trimmt, unerreichbare Erwartungen zu erfüllen, und dass man sich seiner Fähigkeiten bewusst ist!

1. Prinzip: Lieben Sie sich so, wie SIE sind!

Wenn Sie sich jetzt denken, dass Sie ein egoistischer Narzisst/in sein werden, wenn Sie sich selbst lieben, haben Sie eine komplett falsche Vorstellung davon, was Selbstliebe ist. Selbstliebe hat so kaum etwas mit Egozentrismus oder Egoismus zu tun. Selbstliebe hat vielmehr mit Selbstrespekt, Selbstachtung und Selbstvertrauen zu tun. Sie bilden einen gesunden Selbstwert, wenn diese bei einem Menschen in nötigem Maße vorhanden sind. Sich selbst zu lieben bedeutet, sich selbst bedingungslos zu lieben. So, wie wir es oft hören, dass man seine Kinder oder andere Menschen, die uns wertvoll sind, mit all ihren schönen Seiten, aber auch mit ihren Macken und Fehlern lieben soll, so muss diese bedingungslose Liebe auch zu uns selbst herrschen. Wir sollen uns in schlechten sowie in guten Zeiten ebenso lieben und akzeptieren. Wir müssen verstehen, dass auch wir scheitern können bei der einen oder anderen Sache, dass jemand besser sein kann als wir, dass auch wir einmal außer uns sein können und unsere Gefühle zeigen dürfen und dass auch wir unsere Grenzen und Bedürfnisse haben, auf die auch die anderen Acht geben müssen.

Wenn wir lernen können, uns selbst zu lieben, so erlangen wir innere Stärke, emotionale Stabilität und Selbstvertrauen. Wir sind nicht mehr auf die Meinung von außen angewiesen und können besser damit umgehen, wenn uns Menschen kritisieren oder verletzen. Mit einer gesunden Selbstliebe sind wir dazu in der Lage, auch andere Menschen zu lieben, denn nicht umsonst heißt es, „Nur, wer sich selbst liebt, kann andere lieben." Dies schließt ebenso mit ein, dass wir auch anderen Menschen den Freiraum geben, Fehler zu machen, ohne, dass unsere eigene Welt zerbricht. Wir verstehen, dass auch andere Menschen einen Kampf mit ihren eigenen Schwächen und schlechten Seiten führen, und wir helfen ihnen bei diesem Kampf, anstatt sie abzuwerten und an den Pranger zu stellen. Auf diesem Wege haben wir es auch einfacher, loszulassen und unseren Kopf nicht mit schädlichen negativen Gedanken zu füllen. Wir befreien unseren Kopf und Geist von unserem Umfeld. Wir filtern unser Umfeld und nehmen das Gute und Positive auf und vergessen das Schlechte. Seien Sie es sich wert, Ihre kostbare Zeit nicht damit zu verschwenden, sich und Ihren Selbstwert an den Handlungen und Worten der anderen zu messen. Ihr Selbstwert hängt ganz allein von Ihnen ab und nur so lernen Sie, sich selbst zu lieben. Keiner um Sie herum bestimmt, wie Sie sich fühlen sollen. Es kommt alles aus dem Inneren Ihrer

Selbst! Sie haben es in der Hand, nicht in den Köder zu beißen, den Ihnen jemand zuwirft. Lieben Sie sich mit solch einer Liebe, die es Ihnen verbietet, emotional niedergeschlagen zu sein, wenn Sie an traumatische Erlebnisse denken, und finden Sie die Kraft, darüber zu stehen, eben, weil Sie wissen, dass es Ihnen nur schadet und Sie keinen Vorteil davon haben.

Sie haben es verdient, ein freies Leben zu leben, egal, was man Ihnen in Ihrer Kindheit eingetrichtert haben mag. Versuchen Sie, den inneren Zwang zu stoppen, sich für Ihre Entscheidungen rechtfertigen zu müssen und es allen anderen recht machen zu wollen. Sie leisten das, was Sie können, und müssen niemandem beweisen, was Sie können. Wenn Sie sich wohlfühlen dabei, es Ihnen Freude bereitet und es Sie stärkt, können Sie versuchen, neue Höhen zu erreichen, aber tun Sie dies bitte nicht, weil dies jemand von Ihnen verlangt.

2. Prinzip: Geben Sie Ihren Bedürfnissen denselben Wert!

In der heutigen Zeit ist es von besonderer Bedeutung, dass wir lernen, unsere Grenzen klar zu definieren und diese den Menschen klarzumachen. Haben Sie Ihre eigene Meinung und erwarten Sie nicht den Zuspruch von anderen. Ihre Grenzen zeigen, wer Sie sind. Sie verdeutlichen Ihrem Umfeld, was Sie sind. Sie kommunizieren den Menschen um Sie herum, wo sie stoppen müssen und nicht mehr näherkommen dürfen. Sie sagen der Welt, wer Sie sind, was Sie mögen und was nicht. Sie senden das Signal an andere Menschen, wo Sie zusammen gehen und wo Ihre Wege sich trennen, falls man Ihnen zu nahegetreten ist. Sie geben Ihren Mitmenschen zu verstehen, wo für Sie Respekt und Toleranz unabdingbar sind. Mit Ihren Grenzen Sie sich von der restlichen Menschheit ab und senden ein Signal an die Außenwelt, wie jemand sich zu verhalten hat, wenn er mit Ihnen eine gesunde und respektvolle Beziehung führen möchte.

Oft haben wir es schwer, uns für unsere Standpunkte einzusetzen. Oft fühlen wir uns zu schwach, unsere Meinung zu sagen. Oft sind wir nicht dazu in der Lage, unseren Mitmenschen zu verdeutlichen, dass diese unsere Grenzen verletzt haben. Wir fühlen uns machtlos und erniedrigt und machen uns dann später Vorwürfe, nicht mutiger gewesen zu sein. Wir machen es uns oft selbst schwer, indem wir zu anderen Menschen nicht klar und deutlich „Nein!" sagen können und stattdessen bei etwas einwilligen, was wir eigentlich gar nicht gewollt haben. Seine

Grenzen nicht klar und deutlich kommunizieren zu können, kommt oft daher, dass wir zu wenig Selbstbewusstsein und Selbstvertrauen besitzen. Und das Ganze fängt in der Kindheit an, wenn man ständig kritisiert wurde und uns Meinungen aufgezwungen wurden, wenn man das, was man will und mag, nicht mitteilen durfte und sich stattdessen an die vorgelegte Schablone anpassen musste. Daher kommt es oft vor, dass wir Menschen

Kann man lernen, im Erwachsenenalter seine Grenzen zu verteidigen und diese klar und deutlich zu definieren und zu kommunizieren? Ja, man kann es! Es ist für nichts zu spät, solange Sie sich vornehmen, etwas zu verändern – sich selbst zum Positiven hin zu verändern. Wenn Sie schon gemerkt haben, dass Sie an sich und Ihren Schwächen arbeiten müssen, ist bereits ein großer Schritt nach vorne getan!

Was können Sie tun, um Ihre Grenzen besser kommunizieren zu können? Vorab sei gesagt, dass hier Überwindung seiner selbst eine enorm wichtige Rolle spielt. Lernen Sie, ohne ein schlechtes Gewissen oder Angst zu haben, Ihre Wünsche und Bedürfnisse auch gegenüber den Sie umgebenden Menschen zu äußern. Sagen Sie nicht „Ja!", obwohl Sie doch lieber „Nein!" gesagt hätten. Für die Entscheidungen, die Sie in Ihrem Leben treffen, und für die

Art und Weise, wie Sie denken und fühlen, müssen Sie sich vor niemandem unter den Menschen rechtfertigen oder schämen. Stehen Sie dazu und halten Sie durch. Wenn jemand in Ihr Leben treten möchte, zeigen Sie dieser Person erst einmal das Schild mit den Regeln, die er befolgen muss, wenn er mit Ihnen zusammen die Lebensreise antreten möchte. Ein Mensch, dem Sie Ihre Grenzen klar und deutlich kommuniziert haben, wird entweder bleiben oder gehen. Gleiches zieht sich an heißt es.

Wenn Sie Ihre Grenzen, Bedürfnisse und Wünsche mit denen eines anderen Menschen vereinbaren können, können Sie sich glücklich schätzen. Denn wir Menschen sind immer auf der Suche nach anderen Menschen, die zu uns passen und uns so akzeptieren und respektieren, wie wir sind, und die nicht versuchen, uns zu ändern oder uns niederzumachen.

3. Prinzip: Sie sind nicht ALLMÄCHTIG!

Stehen Sie zu Ihren Schwächen. Jeder Mensch hat sie und wer das Gegenteil behauptet, lügt. Wir Menschen neigen oft dazu, uns realitätsferne idyllische Bilder unseres Selbst auszumalen. Wir wären gerne dies und jenes und hätten gerne dies und das. Aber so wird es niemals sein. Wir begegnen tagtäglich den verschiedensten Menschen, jeder mit seinen Macken, Fehlern und Eigenarten, aber auch mit seinen Schokoseiten. Wir tragen viel Positives, aber leider auch viel Negatives in uns. Und es liegt an uns, das Positive immer mehr zum Vorschein und das Negative zum Schwinden zu bringen.

Es mag sein, dass Sie Menschen sehen, denen es von außen betrachtet gut zu gehen scheint, so, als hätten diese es in ihrem Leben niemals mit Trauer, Druck oder Stress zu tun gehabt. Diese Menschen hatten aber in Wahrheit ebenfalls mit vielem zu kämpfen. Jeder Mensch erlebt mal schöne, mal harte Zeiten. Wir sind nicht auf die Welt gekommen, um unter Druck das zu erfüllen, was die Gesellschaft verlangt. Wir sind hier, um Glück zu erlangen, und das können wir nicht, wenn wir nur damit beschäftigt sind, uns jeden Tag aufs Neue beweisen zu müssen.

Letztendlich sind Sie dafür verantwortlich, wie Sie sich fühlen und wie Sie reagieren. Arbeiten Sie an sich, Ihren Ängsten und Zweifeln und führen Sie sich vor Augen, wie wenig Sinn es macht, zu sehr von dem Außengeschehen beeinflusst zu werden, und welch eine große Zeitverschwendung es ist, sich über die Worte, Taten oder Entscheidungen der Sie umgebenden Menschen den Kopf zu zerbrechen und Ihre Gesundheit damit auf Dauer zu schädigen.

Gibt es Hoffnung, „grübelfrei" zu werden?

Ja, die gibt es! Sie müssen nur daran glauben und sich verinnerlichen, dass Sie nicht dazu verdammt sind, für den Rest Ihres Lebens Ihr Leben damit zu verbringen, unproduktive und überflüssige Gedanken zu erzeugen. Wenn Sie anfangen, die Prinzipien und Techniken anzuwenden und diese in Ihren Alltag zu integrieren, so verspreche ich Ihnen, dass auch Sie bald die ersten Erfolge auskosten dürfen. Es erfordert hohe Willenskraft, Selbstdisziplin und Mut, über seine Ängste und Sorgen zu springen und so auf psychologischer Ebene zu wachsen. Füllen Sie Ihr Leben mit Dingen, die Ihnen Glück und Freude bereiten und seien Sie selbstgenügsam. Merken Sie sich, Sie sind nicht dazu verpflichtet, jemandem etwas zu beweisen. Tun Sie das, wobei Sie sich wohlfühlen und was Ihnen nützt. Versuchen Sie, Ihre Gedanken von den Sie umgebenden Menschen wegzulenken und diese auf einen Pfad zu weisen, auf dem Sie viel Nützliches für sich und Ihr Leben entdecken werden.

Konzentrieren Sie sich auf das, was Sie heute geschafft haben, und sehen Sie die anderen Menschen nur als Spiegel Ihrer selbst. Andere Menschen können Ihnen dabei helfen, sich selbst zu reflektieren und das Positive aus jeder einzelnen Situation für Ihr Leben herauszuziehen. Wenn Sie sich wieder dabei ertappen, dass Sie grübeln, sagen Sie sich Folgendes: „Ich höre auf damit, weil ich es mir wert bin, und mache ab jetzt nur das, was mich positiv stimmt!"

Herstellung und Verlag:
BoD – Books on Demand, Norderstedt
ISBN: 9783752659948